BIBLIOTHÈQUE STÉNOGRAPHIQUE

DICTÉES

En Sténographie-Duployé

POUR

LE COURS MOYEN

CHOISIES

PAR

M. A. DUFRESNE, Instituteur

2e ÉDITION

Franco : 25 centimes

ÉMILE DUPLOYÉ, à SINCENY (Aisne)

OU BIEN

GUSTAVE DUPLOYÉ

36, rue de Rivoli, 36 — PARIS

Sténographie Duployé

Médailles d'Or, Paris 1878 et 1889

Méthode pour apprendre sans maître en 2 heures, 19ᵉ édition, franco : 3 francs. E. DUPLOYÉ, à Sinceny (Aisne)

VOYELLES

A   O   Ou   E   E   I   Eu   U   An   On   In   Un

CONSONNES

Pe   Be   Te   De   Fe   Ve   Ke   Gue   Le   Re   Me   Ne   Gne   Je   Che   Se   Ze

RÈGLE GÉNÉRALE : Écrire les Sons et non pas les Lettres.
RÈGLE des CONSONNES : Seules L et R s'écrivent en remontant.
RÈGLE des VOYELLES : Les tourner de manière à éviter les angles.

Nota. — Les points et accents ajoutés à certains signes s'omettent habituellement.

EXPLICATION DE L'ALPHABET DUPLOYEN

VOYELLES

- **A** • Petit cercle.
- **O** ○ Grand cercle.
- **Ou** ⊙ Grand cercle pointé.
- **EU** 1/4 de grand cercle avec point.
- **U** 1/4 de grand cercle sans point.
- **E** Petit 1/2 cercle sans point.
- **E** Petit 1/2 cercle avec point au-dessous.
- **I** Petit 1/2 cercle avec point au-dessus.
- **AN** 1/4 de petit cercle avec accent aigu au-dessous.
- **ON** 1/4 de petit cercle avec accent aigu au-dessus.
- **IN** 1/4 de petit cercle avec accent grave au-dessus.
- **UN** 1/4 de petit cercle avec accent grave au-dessous.

CONSONNES

- **PE** Petite verticale.
- **TE** Petite horizontale.
- **FE** Petite oblique, de gauche à droite.
- **KE** Petite oblique, de droite à gauche.
- **LE** Petite oblique ascendante.
- **JE** Grand 1/2 cercle en forme de voûte.
- **SE** Grand 1/2 cercle en forme de bassin.
- **NE** Grand 1/2 cercle en forme de C retourné.
- **ME** Grand 1/2 cercle en forme de C.

- **BE** Grande verticale.
- **DE** Grande horizontale.
- **VE** Grande oblique, de gauche à droite.
- **GUE** Grande oblique, de droite à gauche.
- **RE** Grande oblique ascendante.
- **CHE** Grand 1/2 cercle pointé, en forme de voûte.
- **ZE** Grand 1/2 cercle pointé, en forme de bassin.
- **GNE** Grand 1/2 cercle pointé, en forme de C retourné.
- **ILL** S'écrit comme plusieurs i.

X S'écrit comme KS ou GZ.

Signes euphoniques Z T N R K

Les voyelles se tracent dans le sens qui permet de les unir SANS ANGLE aux consonnes. Les consonnes se tracent toujours dans le sens indiqué. Les deux consonnes L et R se tracent seules de bas en haut, en remontant.

p b   t d   f v   k g   l r   m   g n   j ch   s z   o   a   ou   eu   u   é   è   i   an   on   in   un

L'art d'apprendre une leçon.

Utilité des oiseaux.

YVES Sc.

La Terre Sainte.

L'utilité des ballons.

Christophe Colomb.

alcatraz,

Yves Sc.

(5)

Les animaux domestiques.

Discours d'Henri IV aux notables. (1596)

Un examen.

1793.

Drouot.

Le moineau dans la classe.

Le village abandonné.

Les mouches.

La charité.

Utilité de l'histoire

Constantin.

Christophe-Colomb et son équipage.

Le soldat.

Les serviteurs de la ferme.

Le Printemps.

21

L'amour de Dieu.

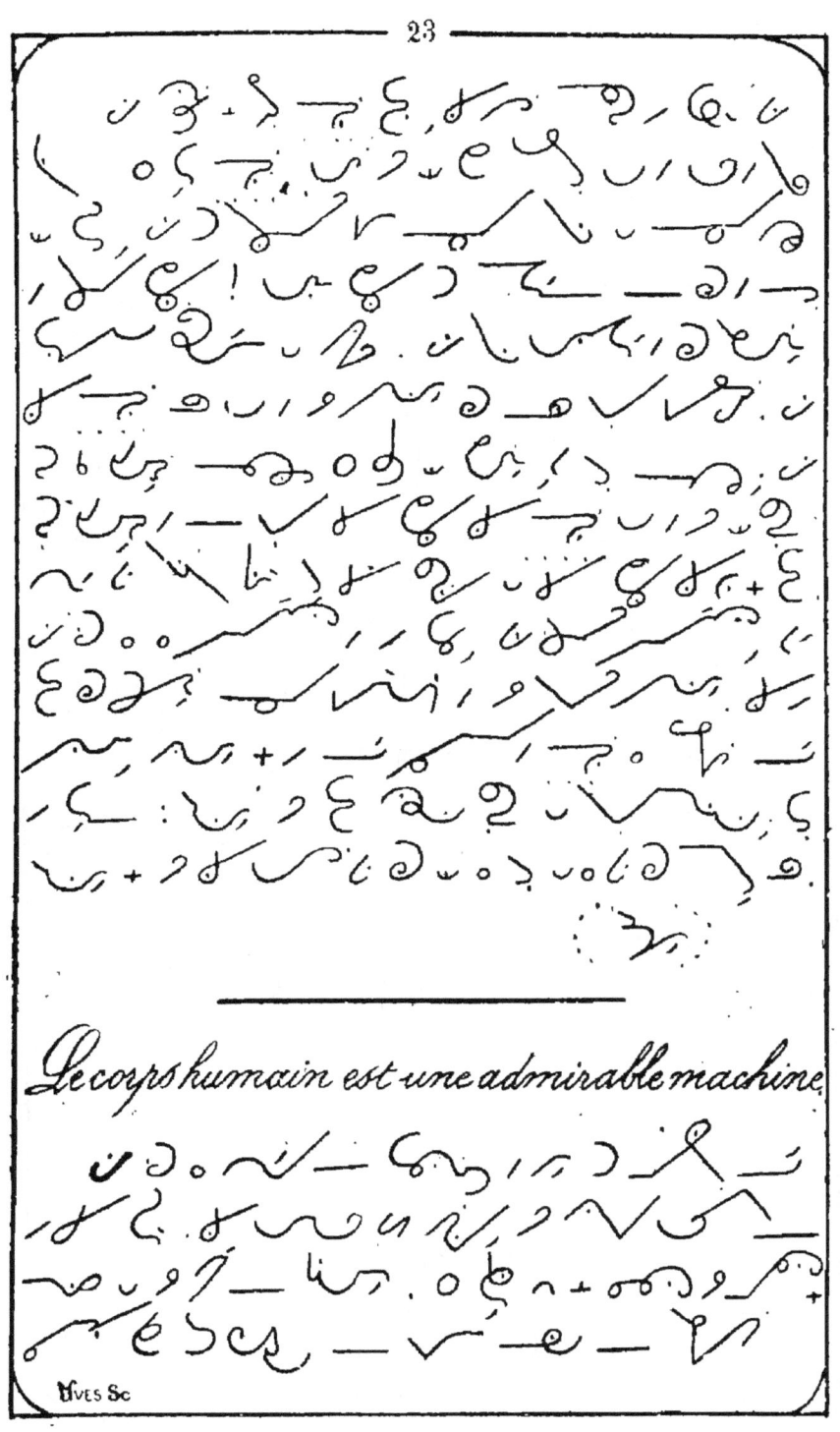

Le corps humain est une admirable machine

L'avarice.

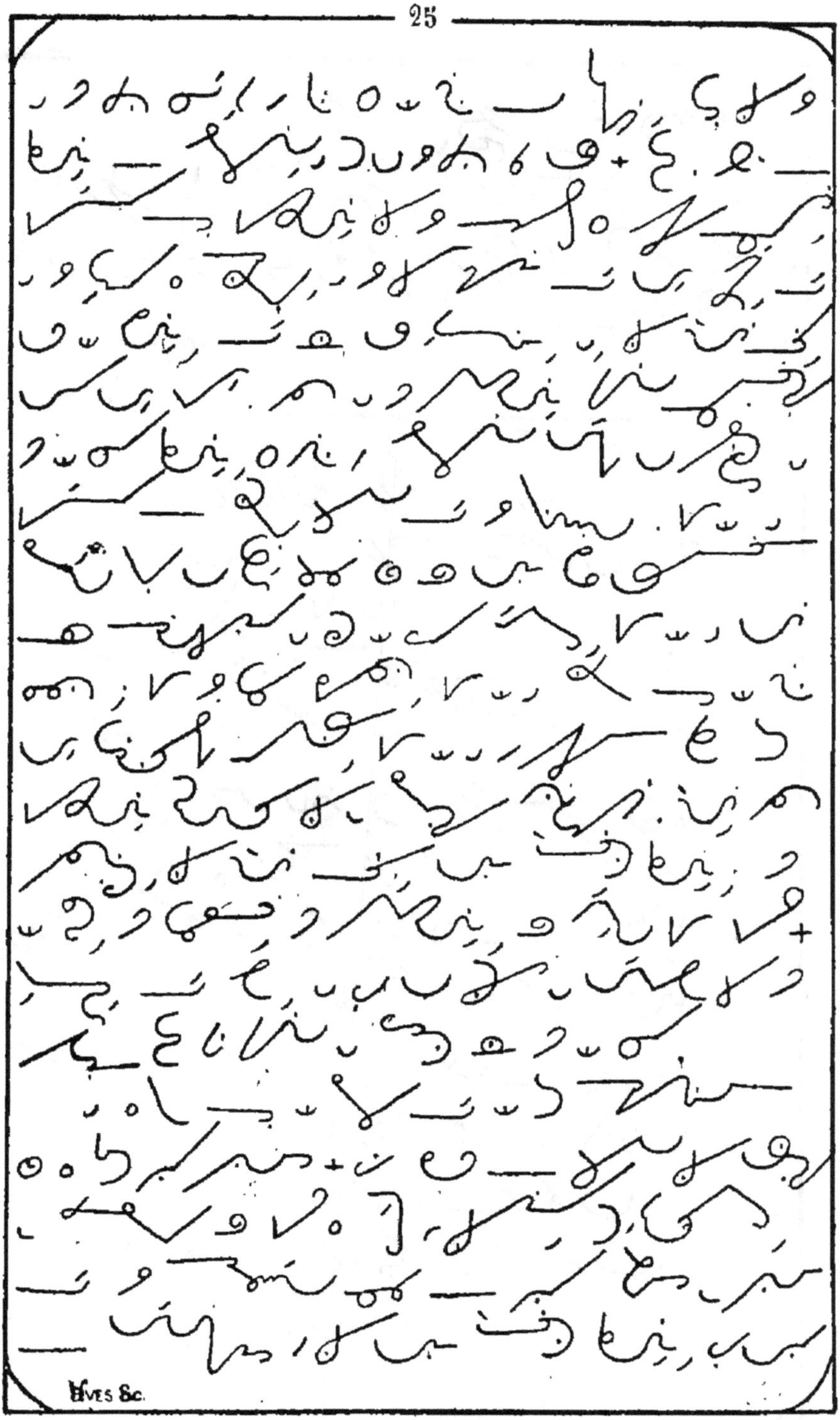
Hives Sc.

L'obéissance.

La cigale, la fourmi et la colombe.

Le grillon

Les travaux de l'abeille.

ACADÉMIE STÉNOGRAPHIQUE

AUTORISÉE

Le 8 novembre 1897, par Arrêté préfectoral
Et le 16 janvier 1899 par Arrêté de M. le Président du Conseil, Ministre de l'Intérieur et des Cultes

Les personnes qui désirent obtenir le diplôme de *Membre de l'Académie sténographique* doivent envoyer à M. Duployé, à Sinceny (Aisne), France :

Une page contenant 200 à 250 mots écrits par elles-mêmes, sans l'aide de personne, en sténographie Duployé, soit d'après la *Méthode Française*, soit d'après les *Adaptations* aux différentes langues. (On peut se dispenser de mettre les points et accents.)

Le candidat choisit lui-même le texte de cette page, dans n'importe quel livre ou journal, à l'exception des livres ou journaux sténographiques.

Au verso de cette page, il devra écrire, en écriture ordinaire, la formule suivante :

« *Je soussigné* (nom et prénoms, âge, qualité ou profession, adresse complète), *certifie avoir écrit, sans l'aide de personne, la page qui se trouve au verso de cette attestation.* »

Signature du candidat.

Au-dessous de cette affirmation, au moins deux personnes, dont le témoignage puisse être admis sans hésitation, écriront :

« *Je soussigné* (nom et prénoms, âge, qualité ou profession, adresse complète), *certifie que l'affirmation ci-dessus est conforme à la vérité.* »

Signatures des témoins.

Les candidats dont la sténographie aura été jugée correcte recevront un Diplôme constatant leur mérite et leur conférant le titre de *Membre de l'Académie sténographique*.

Leurs noms et adresses, à moins de demande contraire, seront publiés dans *La Lumière Sténographique*, organe officiel de l'*Académie sténographique*.

Les demandes doivent être accompagnées de la somme de 1 franc 25 (prix du Diplôme et de la *Carte de poche d'identité* attestant l'obtention du Diplôme), et de plus, de 25 centimes pour les frais d'envoi de ce Diplôme et de cette *Carte* à domicile.

Si l'écriture n'était pas jugée correcte, ou si les attestations ne paraissaient pas suffisantes, le candidat en serait prévenu. Il pourrait adresser une nouvelle demande pour laquelle un nouveau versement ne serait pas exigé.

QUELQUES APPRÉCIATIONS SUR LE DIPLOME DE L'ACADÉMIE STÉNOGRAPHIQUE

« J'ai reçu, ce matin, votre *Diplôme* de l'Académie sténographique ; il est superbe. »   DAVID ❋ I., inspecteur primaire, à *Arras*.

« Votre *Diplôme* est vraiment joli. »   H. HAMEL ❋ ❋ A., directeur de la *Revue des Beaux-Arts, Paris*.

«Vos *Diplômes* sont tout simplement superbes, ils surpassent l'attente la plus optimiste »   Frère FERDINAND, professeur à l'Institut St-François-Xavier, à *Bruges* (Belgique.)

« Vos *Diplômes* sont très jolis et constituent le complément désormais indispensable du *Certificat d'études primaires*.   E. CHOQUENET ❋ A., directeur de l'École primaire supérieure de *Chauny* (Aisne).

« Votre *Diplôme* est magnifique et fait grand honneur à l'artiste qui en a conçu le dessin. »   Albert DENIS ❋ A., avocat, conseiller d'arrondissement, maire de *Toul*.

Sept jeunes demoiselles du Canada se sont fait photographier avec leurs *Diplômes* Leurs portraits sont reproduits dans l'*Almanach sténographique* de 1897.

« Le *Diplôme* de l'*Académie sténographique* est le plus joli que nous avons jamais vu. Combiné avec beaucoup d'art et de goût, richement doré, il forme un ornement magnifique pour un bureau ou un salon. »

Vorwarts, Organ des Luxemburger Stenographen-Vereins.

« J'ai l'honneur de vous accuser réception de votre *Diplôme de l'Académie sténographique* et de la *Carte de poche d'identité*. Je possède plus de 40 diplômes d'honneur, de grands prix, de médailles d'or, etc., obtenus pour la plupart dans les grandes Expositions internationales et, bien que j'en aie de très beaux, je crois qu'ils ne sauraient rivaliser avec celui de l'*Académie sténographique*. »   Gustave LEGRAND, ingénieur, à *Bonneville*.

CATALOGUE DE LA BIBLIOTHÈQUE STÉNOGRAPHIQUE DUPLOYÉ

Seule Médaille d'or aux Expositions Universelles de Paris 1878 et 1889, etc
Chez Emile DUPLOYÉ, à Sinceny (Aisne)
PRIÈRE DE NE PAS FAIRE DE DEMANDES INFÉRIEURES A UN FRANC
(Envoi franco contre mandat ou timbres-poste).
DÉPÔT POUR PARIS : 36, Rue de Rivoli, 36

MÉTHODES

Sténographie-Duployé, écriture plus facile, plus rapide et plus lisible que toute autre, s'appliquant à toutes les langues, s'apprend sans maître, en deux heures; 19ᵉ édition, 3 fr.
Abrégé de la méthode 1 fr. 50.
Petite méthode de Sténographie-Duployé pour écoles ; 22ᵉ édition, 0 fr. 15.
Cours de Sténographie fait par M. Duployé à l'Ecole normale sup., à l'Ecole polytechnique, à l'Ecole spéc. milit de Saint-Cyr, à l'Ecole sup. de Commerce de Paris, etc.; 6ᵉ édit. 1 fr. 50
Exercices sténographiques, complément de la méthode. 2ᵉ édition, 1 fr. 50.
Otologie et Cirographie-Duployé, 2ᵉ édition, 0 fr. 15.
Fac-simile de Sténographie-Duployé, 1 vol. in-8° 1 fr. 50
La sténographie Duployé en Tableau mural pour écoles (imprimé en rouge et noir), 1ᵐ05 × 1ᵐ60, 2 fr.
Alphabet sténographique avec exercices, 2 grands et beaux tableaux, 2ᵉ édition, 1 fr.
100 alphabets sténographiques timbres-poste, gommés et découpés. 0 fr. 15.
Le Clé de la Sténographie Duployé, 10 exempl. 0 fr. 15
Alphabet sténograp. manuel, pour les sourds-muets. » .10
L Enseignement par la Sténographie, 64 pages. » .25

ADAPTATION
DE LA STÉNOGRAPHIE DUPLOYÉ
AUX LANGUES SUIVANTES :
Allemand. 4ᵉ édition. . 1 50
Anglais . . . . 2 »
Arménien 1 50
Chinook 1 50
Danois 1 50
Espagnol . . . . 1 »
Flamand, 2ᵉ édition . . » 50
Italien 1 50
Latin . . . . » 60
Portugais 1 50
Roumain 1 50
Turc. 1 50

OUVRAGES
EN STÉNOGRAPHIE DUPLOYÉ
à 4 fr. l'exemplaire
Dictionnaire complet français et sténographique (peut aussi servir de dictionnaire ordinaire.)
Fabiola, 1 vol. de 510 pages.
Fables de La Fontaine, édition de luxe, 2ᵉ édition.
Manuel de Cuisine, 2 vol.

à 3 fr. l'exemplaire
Traité des Abréviations que comporte la Sténographie. beau vol. in-8°, 5ᵉ édition

à 2 fr. 50 l'exemplaire
Imitation de N.-S. Jésus-Christ, in-32, 2ᵉ édition.
Id., reliure pleine, chagrin 1ᵉʳ choix, tr. dorée, 5 »
Vies des Saints pour tous les jours de l'année.

à 2 fr. l'exemplaire
Dictées littéraires (morceaux choisis 4e littérature).
Fables de La Fontaine 2ᵉ éd.

à 1 fr. 50 l'exemplaire
Athalie, par J. Racine.
150 Diktatstile (Dansk).
Cours gradué de Dictées, par M. Rossignon.
Le Franc-tireur des Vosges, guerre de 1870-71, 2ᵉ édit.
Histoire de l'écriture.
Le Jeu des Echecs.
Manuel du Chrétien, 4ᵉ éd. rel. pleine, mouton maroquiné, tranche dorée.
Nouveau cours de Dictées, en 4 parties, par Leclair
La Physique vulgarisée.
Recueil de Dictées, par Gallais (données aux examens)
Corrigé de ces Dictées, 1 r. 50
Rose de Tannembourg.
La Sténographie en France.
300 Dictées graduées p. Robert

à 1 fr. l'exemplaire
Album de dessins ste ogr.
Cicéron et la stén. à Rome.
Dictées pour les 3 divisions.
Corrigé de ces Dictées. 1 fr.
Dictées littéraires, par Lo Petit, 1ʳᵉ partie.
Id. 2ᵉ partie.
La prononciation de l'Allemand apprise sans maître.
La prononciation de l'Anglais apprise sans maître.
La prononciation de l'Espagnol apprise sans maître.
La prononciation du Russe apprise sans maître.

à 60 cent. l'exemplaire
Alice, par N. E. de Margerie.
L'Art poétique de Boileau.
A Christmas Carol, Dickens
Dictées choisies (Dufresne).
Corrigé de ces Dictées choisies
Le Fablier de la Jeunesse, illustré, 3ᵉ édition.
Leclair, 96 grandes dictées.

La Géologie vulgarisée.
La Jeune Siberienne, 2ᵉ édit.
La Mort d'un Juste.
Paul Choppart, 2ᵉ édition.
Manuel du Chrétien, broché.
Rossignon, 240 dictées élém.
Vie de Joseph Boquillon par lui-même, avec illustrat.

à 25 c. l'exemplaire
Abécédaire sténographique.
Almanachs Sténographiques des années suivantes :
1878 — 1879 — 1880 — 1881
1882 — 1883 — 1884 — 1885
1886 — 1887 — 1888 — 1889
1890 — 1891 — 1892 — 1893
1894 — 1895 — 1896 — 1897
1898 — 1899.

(Chacun de ces almanach contient des renseignements différents sur les progrès et la vulgarisation de la sténographie, des histoires, anecdotes, illustrations, etc.)

L'Analyse spectrale, 2ᵉ édit.
Aperçu général sur l'histoire et notions d'astronomie.
L'armée française, 2ᵉ édit.
L'art poétique, d'Horace, en français.
Aventures d'hommes célèbres
L'Avocat Patelin, par Bruey.
Bons mots, Joyeusetés, etc.
Calembredaines sténograph.
Causeries scientifiques, 2ᵉ éd.
Chansons et Chansonnettes.
Charades, énigmes, problèmes
La chasse au Tigre, d l'Ours à l'Homme, etc.
Choix de Fables de La Fontaine, illustrées, 3ᵉ édit.
Choix de Fables de Florian.
Connaissances utiles.
Contes de Fées.
Découpage, modèles stén.
La Découverte de l'Amérique
Défi sténographique, 2ᵉ édit.
Dictées pour Cours élément.
Corrigé de ces Dictées, 0 fr. 25.
Dictées pour Cours moyen.
Corrige de ces Dictées. 0 fr. 25.
Dictées pour Cours supérieur.
Corrigé de ces Dictées, 0 fr. 25.
Descriptions et récits.
L'Enfance de 2 Académiciens
Episodes historiques.
Escapades de jeunesse d'hommes illustres.
Etude sur les abréviations
Evangile selon S. Mathieu.
Fables de La Fontaine. Un des 12 livres au choix.
Fabliaux de vieux auteurs.
Le Fablier des Ecoles, 2ᵉ édit.
Fantaisies sténographiques.
Geen huisken zonder kruisken (en flamand).
Gerbe poétique, 2ᵉ édition

La Grande Ménagerie.
Le grand Français.
La Guerre d'Orient en image
Henri d'Eichenfelds, 2ᵉ édit.
Les Idées du Dʳ Aubergier.
Jeu chinois, 2ᵉ édition.
La Jeunesse d'écrivains.
Ma Jeunesse, par Schmidt.
L'æcoveleer (Dansk).
La Lampe du Sanctuaire
Le Lépreux de la cité d'Aoste.
Das Lied von der Glocke.
Longs récits.
Ma Mère, par Lamartine.
Méli-Mélo sténographique.
Méthode d'ornementation sténographique.
Modèles de style épistolaire.
Un mouchard, Le Hussard.
Narrations choisies, 2ᵉ édit.
Le Peintre Zanobi.
Petite Fleur des neiges.
Les Petits Orphelins, 2ᵉ édit.
Pierre ou Le Petit mendiant.
Les Plaideurs, par Racine.
Pochades sténographiques.
Une poignée d'historiettes.
Les Prisonniers du Caucase.
Les Quatre Philippiques de Démosthène (en français).
La Question brûlante.
Robert, 83 dictées élément.
Salmigondis.
Scarron et Magon de la Balue
Scène Vendéenne, Le Cheval qui mange des huîtres, etc.
Une Séance de l'Académie des singes, 4ᵉ édition.
Souvenirs d'Enfance.
La Sténographie apprise par l'Image aux enfants, aux illettrés. (120 dessins.)
Le Système solaire.
Variétés.
Vert-Vert, 5ᵉ édition
Victor, le jeune apprenti.
Vie de Saint Nicolas, 2ᵉ édit.
Vies de Sainte Catherine et de Sainte Barbe, 2ᵉ édit.
Vies des Saints, 12 volumes L'un des 12 mois au choix.
Vies de Saint Epiphane et de St Cassien, sténographes.
Le Vieux garde-chasse.
Vingt-sept Dictées littéraires.
Le Voile noir, par Dickens.

à 15 c. l'exemplaire

L A, B, C, D de la dictée sténographique, 2ᵉ édit.
Abréviations sténogr. 9ᵉ édit.
L'Ame, dialogue.
Anatole le jeune pêcheur.
Antoine Bardon.
Autographie, méthode.
Bertraud, le vieux grenadier.
Bonhomme Misère, 2ᵉ édit.
Le Bossu Napolitain, 2ᵉ édit.
Catéchisme en typo-sténog.
Chemin de la Croix.
Citologie et citographie.
La Création et la Providence.
Cryptographie, cryptologie et Mnémotechnie-Duployé.
Le Cufard, Nouvelle Briarde

Les Débuts d'un Romancier.
Le Diner, de Boileau ; 2ᵉ éd.
L'Eglise, dialogue.
Les Embarras de Paris et A ma Muse, de Boileau, 2ᵉ éd.
L'Enfant prodigue.
Ernest le jeune impertinent.
L'Etymologie, par A. Renard
Exercices sténographiques pour Ecoles, 21ᵉ édition.
L'Existence de Dieu, dial.
Jonction des signes sténogr.
Le Fablier de l'Enfance 3ᵉ éd.
Facéties.
Les Fins Dernières, dialogue.
La Hache, par Auerbach.
Histoire de N.-D.-de-Liesse.
L'Homme, de Boileau, 2ᵉ éd.
Ibrahim ou l'Ile déserte, 2ᵉ éd
L'Instruction en Chine.
Jean Baptiste, enf. de Paris.
Jean-Louis ou le mendiant.
La jonction des signes stén.
Lecture des Cartes géogr. par M. Bergez, chef de bat.
Marguerite, 2ᵉ édition.
Les meilleurs tracés sténogr.
Les mystères, dialogue.
Ombres chinoises et gymnas.
La Pentecôte, dialogue.
Petit choix de Dictées.
Corrigé de ce choix.
Les Petits Enfants.
Petits récits.
Prières du matin et du soir.
Repons de la messe en typographie ordin. et en stén.
La Résurrection, dialogue.
La Sagesse et la Noblesse, de Boileau ; 2ᵉ édition
La Sainte Messe, 2ᵉ édition.
La Satire, de Boileau, 2ᵉ éd.
Le Séjour de Paris et la Rime, de Boileau, 2ᵉ édit.
Les Sténogr. à pente unique.
Les sténographies sur portées et à traits renforcés.
Syllabaire sténographique.
Le tir de l'Arc.
Vêpres et Complies.
La vie publique de N. S.
Voyage à travers l'Afrique.

BIBLIOTHÈQUE PERLE
JOLIS IN-32 ILLUSTRÉS
SUR BEAU PAPIER DE COULEUR
à 25 cent. l'exemplaire

Le Fablier-perle, illustré.
Gais propos, illustrés.
Joyeux passe-temps, illustré.
Le Rossignol conte chinois illustré.

BIBLIOTHÈQUE
CARTE-POSTALE
à 15 cent. l'exemplaire

Aventures de Mélésichton.
La Bohémienne, 2ᵉ édition.
La Chartreuse, par Gresset.
La Fille de la Punition 3ᵉ éd.
Le Lutrin vivant, 2ᵉ édition.
Les malheurs de Guguste.
Quelques types, illustrés.
Mille et une Bêtises, 3ᵉ édit.
Samson le Bourreau, 2ᵉ édit.

Séance de l'Académie des Singes, édit. microsccp.
Tobie, par Florian, 2ᵉ édit.
Un verre de bon sang, 3ᵉ éd.

DICTÉES DUPLOYENNES
EXERCICE SIMULTANÉ
D'ORTHOGRAPHE, DE STYLE
D'ÉCRITURE ET DE LECTURE
à 25 cent. l'exemplaire

Cours élément., 48 p., 2ᵉ édit.
— moyen, —
— supérieur, —

ATLAS CLASSIQUE
AVEC NOMS IMPRIMÉS
EN STÉNOGRAPHIE
à 15 cent. la carte

Carte de France, 5ᵉ édition.
Carte de Paris, ses forts et ses environs ; 2ᵉ édition.
Cartes des Départements suivants :
Aisne — Allier — Doubs —
Eure-et-Loir — Nord —
Oise — Pas-de-Calais —
Haute-Saône et Belfort —
Sarthe — Seine — Seine-et-Marne — Seine-et-Oise —
Seine-Inférieure — Yonne.
Carte de la Turquie occid. et des prov. danubiennes.
Planisphère céleste.

OBJETS DIVERS

Photographie des principaux sténographes Duployens.
4 groupes de 100 portraits
Chaque groupe. . . . 1 fr.
Buste de M. E. Duployé, en plastique ou en terre cuite, 6 fr., par colis-postal.
Photographie du buste de M. Duployé. . . . » 50
Id. format plus grand. 1 »
Papier à lettres avec alphabet stén. 20 feuilles. . . 0.30
Enveloppes de lettres avec alphabet sténographique.
Les cent enveloppes » 50
Id. grand format. . . » 80
20 cartes-postales sténographiques. . . . . » 30
Jeu du Soldat sténographique par M. Panché, 4ᵉ éd. » 15
Bons points sténographiques.
La feuille. . . . . » 25
Calendrier sténographique de l'année. . . . » 10
La Sténographie-Duployé, galop pour piano, net 2 »
Duployé-album. . . . 2 »
Prosodie latine . . . » 10

LES CORRIGÉS des COURS DE DICTÉES DE ROSSIGNON, LECLAIR, ROBERT, LEPETIT, coûtent chacun 2 fr.
Tous les Corrigés de ce catalogue et le DICTIONNAIRE peuvent aussi être utilisés par les personnes ne connaissant pas la sténographie.

LA LUMIÈRE STÉNOGRAPHIQUE
Journal mensuel en STÉNOGRAPHIE DUPLOYÉ
(29ᵉ ANNÉE)

ABONNEMENTS POUR TOUT L'UNIVERS: Un an : 2 f. — Six mois : 1 f. 20 — Le n° 20 c.

DIRECTEUR : Emile DUPLOYÉ, à Sinceny (Aisne)

Paris. — Imprimerie P. Mouillot, 13, quai Voltaire. — 91761.

www.ingramcontent.com/pod-product-compliance
Lightning Source LLC
Chambersburg PA
CBHW060555050426
42451CB00011B/1930